AF224413

L'EXPLORATION DES RUINES D'ANTINOË

ET LA

DÉCOUVERTE D'UN TEMPLE

DE RAMSÈS II

ENCLOS DANS L'ENCEINTE DE LA VILLE D'HADRIEN

PAR

ALBERT GAYET

PARIS

ERNEST LEROUX, ÉDITEUR

28, RUE BONAPARTE, 28

1896

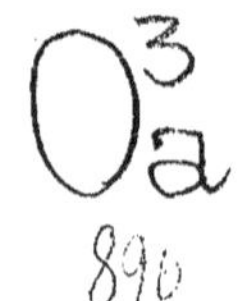

L'EXPLORATION DES RUINES D'ANTINOË

ET LA

DÉCOUVERTE D'UN TEMPLE DE RAMSÈS II

ENCLOS

DANS L'ENCEINTE DE LA VILLE D'HADRIEN

De tous les mythes antiques, nul, plus que celui d'Isis, n'a laissé dans l'histoire des religions de traces profondes et durables. Né en Égypte avec la religion pharaonique, nous le voyons s'acclimater à Athènes et à Rome au temps de la conquête latine, pénétrer en Gaule et en Germanie à sa suite et mettre partout l'empreinte de son passage et de ses progrès.

A ce titre, une place à part lui a été réservée au Musée Guimet, et lors d'un récent voyage fait en Égypte, M. Guimet — qui depuis plus de trente ans s'est appliqué à rassembler des documents relatifs à cette diffusion du vieux culte égyptien en Occident [1] — s'entendit avec la Direction du Service des antiquités pour opérer des fouilles à Antinoë, espérant trouver là, plus qu'ailleurs, des monuments d'époque romaine, capables d'éclairer la manière dont se fit la transition du rite antique au rite gréco-latin. Les quelques antiquités de cet ordre, rencontrées dans une première exploration des plus sommaires, figureront bientôt dans les vitrines du Musée ; mais, l'intérêt de ces travaux est surtout dans la découverte d'un temple du temps des Ramsès.

Au mois de novembre dernier, le Service des fouilles du Musée entreprenait le sondage méthodique des ruines de la célèbre ville. Certes, la tâche semblait ardue ; et de tous les problèmes religieux, aucun ne paraissait

---

1. E. Guimet, *L'Isis romaine* (Extrait des *Comptes rendus de l'Académie des inscriptions et belles-lettres*).

ne paraissait devoir rester plus difficile à résoudre, tant la cité d'Hadrien eut à souffrir de dévastations successives, et tant ses monuments furent à diverses époques saccagés, mutilés et dispersés. Un premier résultat des travaux engagés vient de donner un heureux démenti à cette appréhension préconçue. Un temple entier, daté du règne de Ramsès II, et dont l'existence n'avait été signalée ni par les voyageurs d'autrefois, ni par la *Commission d'Égypte* qui, au commencement de notre siècle, tenta un dégagement partiel de la vieille cité, ·ni par les savants qui depuis cette époque se sont succédé en Égypte, est soudain sorti du linceul de décombres et de sables où, depuis plus de quatorze siècles, il gisait oublié et ignoré. Et les tableaux dont sont couverts ses murs et ses colonnes nous racontent l'histoire d'une capitale ancêtre d'Antinoë, si totalement inconnue, que jusqu'au souvenir s'en était perdu; et que l'opinion s'était établie qu'il ne fallait rien chercher au delà de la fondation de la métropole hadrienne qui, bâtie d'un seul coup, n'avait été jamais qu'un monument commémoratif immense, élevé par l'empereur romain à son favori.

Les circonstances qui entourèrent la mort de celui-ci sont trop connues, pour qu'il soit besoin de les rapporter. Chacun sait que, sur la foi de l'oracle qui condamnait le maître de Rome à mourir, si son ami le plus cher ne s'offrait lui-même en victime au destin, il se précipita au Nil. Mais, si le fait est certain, l'histoire de la ville bâtie par Hadrien, pour en perpétuer le souvenir, appartient au domaine de la légende. Touristes anciens et Pères de l'Église l'exposèrent à leur manière; les uns avec des élans d'admiration enthousiaste, les autres avec des cris d'implacable malédiction. Tous, incapables de comprendre quoi que ce fût aux idées de l'Égypte antique, ne virent en elle qu'une cité hellénique, qu'ils glorifièrent ou anathématisèrent de confiance, sans songer un seul instant à contrôler les récits fabuleux dont la renommée l'entourait. Grecs d'origine, rien n'existait pour eux, qui ne rappelât l'Hellade; jusqu'aux dieux du panthéon pharaonique se trouvaient par eux assimilés aux dieux de l'Olympe. Un temple d'Amon, d'Horus, de Thot, d'Isis ou d'Hathor, n'était autre qu'un sanctuaire où Zeus, Poseïdon, Hermès, Déméter ou Aphrodite recevaient l'hommage selon les préceptes de la doctrine égyptienne; et à cette frontière incertaine, où la civilisation romaine se fondait dans celle des peuples orientaux qu'elle s'assimilait, tous les symboles des deux cycles divins en arrivaient à se substituer les uns aux autres; à s'allier et à s'unir, pour former un type unique, où se concentraient les divers mythes; et où des deux groupes de dieux s'identifiaient les personnalités. Quoi d'étonnant alors, si ces voyageurs et ces Pères de l'Église ne firent aucune distinction entre les monuments nationaux de l'Égypte et ceux de la fondation hadrienne, et englobèrent le tout dans la même louange, ou la même réprobation.

Mais si les causes de cette ignorance des anciens s'établissent d'une manière irréfutable; s'il est facile de démontrer pourquoi sont restées toujours confuses les indications qu'ils nous ont données, quelles raisons plausibles fournir de l'impuissance de la science moderne à éclairer le mystère dont les ruines d'Antinoë étaient restées enveloppées jusqu'ici? Quoique fort complexes, elles se dégagent cependant de l'ensemble des faits et s'enchaînent dans un ordre parfaitement logique; pour les établir d'une manière probante, il faut remonter à leur point de départ : la destruction d'Antinoë.

Quand le christianisme eut pénétré en Égypte et que commença l'ère de la persécution dioclétienne, Antinoë, devenue capitale de la Thébaïde, servit de résidence aux représentants de l'autorité romaine; ce fut là que siégea le gouverneur des provinces du sud, Arien, en qui les Coptes croyaient voir leur plus cruel ennemi. Il était donc tout naturel que leur haine rejaillît en grande partie sur la cité hadrienne, considérée par eux comme le foyer par excellence de l'idolâtrie; et que les cérémonies des cultes anciens, qu'on y célébrait en grande pompe, leur apparussent comme autant d'opérations magiques, destinées à évoquer la puissance de Satan. Aussi, moines et anachorètes n'eurent-ils jamais assez d'anathèmes à lui jeter. Saint Épiphane avait fulminé contre la procession de la barque promenée dans le grand temple, et les effigies conservées au fond des sanctuaires. Ses adeptes firent plus, et bien avant la publication du rescrit de Théodose, la saccagèrent de fond en comble, et la transformèrent en une carrière, où chacun vint puiser les matériaux de nouvelles constructions. De la resplendissante capitale, il ne resta bientôt plus qu'un monceau de décombres; sur les murs écroulés le sable s'amassa, formant comme

autant de collines; tandis que les alentours des grands édifices qui, bâtis
en gros blocs de calcaire et de granit, étaient restés à peu près debout,
devinrent l'entrepôt des immondices des villages voisins. Puis, des verre-
ries et des poteries, fort nombreuses dans cette région, les comblèrent de
leurs scories; insensiblement, l'accumulation de celles-ci atteignit à son
tour les faîtages; et sur eux aussi, le désert s'étendit comme il avait fait sur
le reste de la cité. Avec cette disparition, l'oubli vint, le nom d'Antinoë
fit place à celui d'un misérable village arabe, *Scheikh-Abadeh*, accroupi
à la lisière des ruines; et des merveilles d'autrefois, jusqu'à la tradition se
perdit. Le culte rendu à Antinoüs avait-il été romain ou égyptien, le temple
qui lui avait servi de cadre, consacré au dieux de l'Olympe ou du panthéon
pharaonique? Toutes ces questions restaient sans réponse, chacun les tran-
chait à sa manière, empruntant à quelque passage obscur des auteurs classiques ou des Pères de l'Église la confirmation du système qu'il avait choisi.
Mais nul ne songea un instant à interroger les vestiges de cette grandeur
éteinte, et à leur demander le mot de l'énigme dont ils avaient gardé le
secret.

Cet état de choses dura jusqu'à la fin du siècle dernier; et la première
tentative faite vers la recherche de la vérité fut l'œuvre de la *Commission
d'Égypte*. Mais imbue de l'engouement d'alors pour l'antiquité gréco-ro-
maine, elle s'enthousiasma pour les monuments classiques mis à jour par
son exploration : deux temples, un arc de triomphe, un cirque, un hippodrome et des bains. Pas un instant elle ne se demanda si, par delà cette
efflorescence, une autre s'était manifestée; si la métropole d'Hadrien
s'était substituée à une ville antique, ou même plus simplement adossée à
elle. Qu'importaient des édifices où, malgré toute la bonne volonté possible, il était si mal aisé de reconnaître l'empreinte d'Athènes ou de Rome,
alors que tant d'autres de la décadence latine étaient là, comme autant de
témoins de l'une des périodes les plus romanesques de l'histoire des em-
pereurs? L'on se contenta de copier religieusement l'arc et l'hippodrome,
pour en comparer les proportions à celles des arcs et des hippodromes
d'Italie; et si nous sommes autorisés à nous étonner de quelque chose,
c'est que ces monuments n'aient été qu'incomplètement dégagés et étudiés.

Les préoccupations politiques du moment furent sans doute la cause de cet abandon ; et la *Commission* rentrée en France, l'oubli se fit de nouveau autour d'Antinoë. Puis, le contre-coup de tous ces événements déchaîna sur elle un nouveau désastre ; Méhémet-Aly et ses successeurs, intronisés en qualité de souverains indépendants, voulurent prendre rang comme princes constructeurs. Seulement, loin de se donner la peine d'extraire la pierre de la carrière, ils trouvèrent plus commode de l'arracher toute taillée aux murs des cités antiques. Une usine bâtie à Rodah absorba, à elle seule, la majeure partie des temples d'Antinoüs, l'arc de triomphe et l'hippodrome. Le cirque devint l'emplacement des fours à chaux où toutes les pierres tendres vinrent se calciner, pour servir à la fabrication des mortiers, si bien que, peu à peu, tout ce qui dépassait l'arasement des déblais commencés disparut, comme autrefois, après les premières dévastations systématiques ; et de même encore chaque année, les sables chassés par le vent s'étendirent, couvrant la trace des déprédations récentes, et ne laissant de cet ensemble de monuments où venait un instant de revivre la légende antinoïte qu'un souvenir lointain et confus. Personne ne songea plus à elle, personne n'entreprit d'en fouiller l'enceinte ; seuls, les paysans des environs vinrent y chercher un peu de cette poussière des villes, salpêtrée par l'inondation, le *sebakh* qui leur sert d'engrais. Au hasard de cette exploitation, quelques pierres sortirent encore, qu'ils s'empressèrent de s'approprier pour servir à la consolidation de leurs cabanes ; et sur une grande place située à l'entrecroisement de deux avenues, une vasque brisée, trop lourde pour être aisément transportée, demeura comme le dernier témoin de ce dernier vandalisme ; tandis qu'ailleurs, quelques fûts de colonne, débarrassés de leur suaire de sable, sortaient soudain de leurs tombeaux.

Au milieu de ce chaos sans nom, il est relativement facile pourtant de reconnaître les dispositions générales du plan de la ville hadrienne. Bâtie sur la rive droite du Nil, au bord même du fleuve, en plein cœur du nome d'Hermopolis, son enceinte décrit un parallélogramme donnant un développement de plus de 5 kilomètres et englobant une superficie de plus de 1,500,000 mètres carrés. L'arc de triomphe y donnait accès du côté des quais ; deux longues avenues s'entrecoupant à angle droit la refendaient de l'ouest à l'est et du nord au sud, bordées de portiques à colonnes corinthiennes, dont quelques chapiteaux servent encore de bancs aux

portes des huttes de *Scheikh-Abadeh*. Les édifices religieux occupaient
les portions de la ville les plus rapprochées du Nil. Là, dans l'espace compris entre la rive et l'avenue qui lui est parallèle, trois temples grecs envi-
ronnés d'autant de reposoirs et de chapelles se repartissaient, irrégulière-
ment distribués. Le cirque s'élevait en amont du fleuve, tandis qu'à
l'extrémité de la voie perpendiculaire à celui-ci, de vastes édifices romains,
qui furent peut-être le forum et le théâtre, se pressaient en groupe com-
pacts de colonnades de granit. L'hippodrome rejeté au dehors de l'enceinte
s'étendait au pied de la montagne, à l'entrée d'une vallée tortueuse,
l'*ouady Ghamous*, montant vers les plateaux de la chaîne arabique. D'autres
voies, de largeur différente, recoupaient les principaux quartiers, ornées
à leur intersection de fontaines, de statues et de monuments votifs. Tout
en un mot dans ce plan est conforme à la tradition représentant Antinoë
comme une cité purement latine, surgie comme par enchantement à un
ordre de l'empereur.

Néanmoins, une première question se posait au début de l'exploration
entreprise par le Musée pour arriver à préciser la nature du mythe antinoïte. Était-il possible de retrouver, par delà la fondation de la ville hadrienne, le souvenir d'une ville plus antique ; si oui, quel avait été le roi
fondateur, et dans cet infini qui est celui de l'Égypte ancienne, n'avait-il
été qu'un continuateur? Quel était le nom de cette ville, dont toute trace
semblait perdue; subsistait-il encore quelques-uns de ses monuments, et
s'il en était ainsi; quelques liens inexpliqués les rattachaient-ils à celle
bâtie par Hadrien?

Les investigations poussées de ce côté arrivèrent du premier coup à un
résultat décisif. Oui, une ville antique enclose dans l'enceinte de la ville
romaine existait; oui des édifices dont la présence avait échappé à la
Commission d'Égypte s'y dressaient, qui donnaient le nom du fondateur de
la cité antique; oui, un lien mystérieux allait tout à coup éclairer d'un jour
nouveau la fondation d'Hadrien. Le plus ancien quartier de la ville trouvé,
l'on découvrait bientôt un temple égyptien, bâti par Ramsès II, le Sésostris
des Grecs, en pleine période de la conquête asiatique; alors que maîtresse
de tout le pays compris entre l'Euphrate et l'Oronte, l'Égypte atteignait à
l'apogée de sa splendeur. Comme une autre Pompeï, une capitale pha-

raonique ressuscitait de ses cendres, dont il était aisé de suivre les rues, de parcourir les avenues, de visiter les carrefours. Chaque maison, à moitié debout, s'ouvrait au passage, avec sa cour, ses chambres réparties à son pourtour et ses escaliers étroits. Au centre de ce quartier, la basilique de Ramsès avait ses murs et ses colonnes debout; l'édifice était intact, à la toiture près ; des bas-reliefs et des inscriptions tapissaient toutes les surfaces, et y réapparaissaient tout à coup, pour raconter en détail l'histoire de ce passé lointain.

L'ordonnance du temple de Ramsès II est celle de toutes les basiliques de l'Égypte antique. Au devant, s'élevaient deux hautes tours prismatiques, deux pylônes, qui ont à peu près disparu. Au delà, une cour s'étend, large de 60 mètres, profonde de 90, entourée sur trois de ses côtés par un portique à colonnes lotiformes. L'hypostyle en occupe tout le fond, avec sa nef centrale et ses bas-côtés. Plus loin encore, s'ouvrait le sanctuaire, précédé de la salle des offertoires et entouré des diverses salles, désignées aujourd'hui sous le nom de chambres du mystère, et dont chacune est l'image de l'un des cantons du ciel. La première de ces deux divisions figure le monde extérieur, tel que l'Égyptien se le représentait; la seconde, le monde invisible, la demeure des dieux qui, pour lui, n'était qu'un double du monde réel.

Actuellement, les portiques de la cour et la moitié de l'hypostyle sont dégagés, montrant les tableaux dont leurs colonnades sont couvertes. Les sculptures sont du meilleur style et rappellent de près celles des grands monuments de Thèbes et d'Abydos. Dans chacun de ces tableaux, Ramsès apparaît procédant aux divers exercices sacerdotaux dont il se trouvait revêtu, considéré comme fils de la divinité, intermédiaire direct entre son père et l'homme. Mais, par une anomalie singulière en apparence, cette divinité n'est plus celle que nous montrent ailleurs les autres monuments. Pour en connaître les causes, il est indispensable de se représenter ce qu'était alors le culte égyptien, et ceci entraîne une digression un peu longue peut-être, mais indispensable à la compréhension de l'importance qu'il convient d'y attacher.

Les cultes primitifs de l'Égypte avaient été locaux, géographiques en quelque sorte, variant d'une province à l'autre ; ici funéraires, là solaires, ailleurs élémentaires, sans qu'aucun lien les réunît entre eux. A Memphis et dans tout le Delta, prévalaient les divinités mortuaires; à Thèbes et dans tout le sud, les dieux de lumière; et un peu partout, dans l'une et l'autre des deux moitiés de l'empire, quelques localités reculées ne cessaient d'entourer d'une vénération spéciale les forces occultes de la nature et les éléments. Mais, relégués au second plan, ces derniers cultes n'étaient plus déjà que des ressouvenirs de rites plus antiques, et laissaient en présence les deux grandes fractions rivales de la croyance pharaonique, la religion du nord et la religion du sud; celle de Set, Soutek, de l'ombre et de la région funèbre, et celle d'Amon, d'Horus, de la lumière et de la résurrection.

L'invasion de la Basse-Égypte par les nomades d'Asie bouleversa tout à coup cet état de choses séculaires; et quand l'Égypte délivrée du joug des Rois Pasteurs — les Hyksos des historiens grecs — eut recouvré son indépendance, après une guerre de deux cents ans soutenue contre eux par les princes de Thèbes, ceux-ci, du rang de feudataires qu'ils avaient occupé à l'époque de la monarchie memphite, devinrent les maîtres absolus du pays. Cette longue lutte n'avait pas été une guerre nationale, au sens où nous l'entendons, ce sentiment était inconnu à l'époque antique. Fortement installés dans le Delta, les Pasteurs avaient adopté les cultes établis; et la rivalité des cultes du sud s'était trouvée légitimée de ce fait. Les princes thébains avaient agi; ils n'avaient été toutefois que les instruments des prêtres d'Amon, qui seuls pourvoyaient à tous les besoins de la campagne, fournissant les recrues, prêchant la guerre sainte, aidant les princes de leur influence et de leurs trésors. Au jour de la victoire finale, c'était leur dieu qui triomphait de l'ennemi, et par contre-coup des dieux de la Basse-Égypte. Aussi, reconnaissance d'une part, intérêt de l'autre, les nouveaux pharaons, une fois couronnés par eux « rois du midi et du nord », ainsi que disent les textes, mirent-ils leur autorité à leur service, pour ramener les cultes locaux des différentes provinces à un culte unique, celui de l'Amon thébain. Sans doute, chaque ville conserva plus ou moins ses dieux, on ne les fondit pas moins tous en un panthéon, dont Amon fut le chef suprême; et dès lors, le souverain prit invariablement le titre de fils d'Amon Râ. La subtilité des théologiens alla même jusqu'à établir la filiation des différents dieux, par rapport à ce maître suprême; et lorsque le degré de parenté

fut trop dificile à préciser, l'on s'en tira en faisant de l'intrus l'une de ses
manifestations. Partout et toujours Amon fut nommé en tête de la liste;
et dans les litanies solaires, régulièrement qualifié de « dieu grand, dieu
un, seigneur de tous les dieux ».

A Antinoë, il n'en est pas ainsi; les cultes du nord triomphent. Amon
disparaît ou presque, et les dieux et les déesses auxquels le pharaon
s'adresse ne sont que ses descendants ou ses manifestations. C'est Sokhar-
Assar, c'est Horus, c'est Horkhouti, c'est Anhour, c'est Toûm, c'est Isis, c'est
Hathor, c'est Iousâas. Comment expliquer une pareille infraction à la loi
religieuse? Les causes en sont fort naturelles; voici pourquoi.

Au temps des légendes, alors que l'Égypte était, selon la croyance admise,
gouvernée par les dynasties divines, le site où s'élève Antinoë avait été le
théâtre de l'un des épisodes les plus fameux de l'histoire sacrée : la victoire remportée par Horus sur Set.

Les deux fils de Râ, troisième souverain de cette lignée fabuleuse, Osiris
et Set, s'étaient disputé le trône de leur père, et Set, principe du mal et des
ténèbres, vainqueur d'Osiris, le dieu bon, avait mis à mort son rival, dépecé
son corps et semé ses membres sur les chemins. Isis et Nephthys, leurs
sœurs, avaient alors parcouru l'Égypte entière, ramassé les débris du ca-
davre; et Râ, touché de leur peine, avait ressuscité son fils et l'avait rap-
pelé près de lui. Mais un fils posthume du dieu mort, Horus, grandi dans
une province du sud dont il est gouverneur, se « dresse enfin en vengeur
de son père », rassemble une armée considérable, et l'an 363 de son règne
descend le cours du Nil et vient livrer combat à Set. Les textes religieux
nous ont conservé tous les détaijs de cette mémorable campagne. Horus
est secondé par son premier ministre Thot, qui remplit en même temps la
charge de généralissime et d'historiographe du souverain. Après maintes
marches et contremarches savantes, maintes batailles livrées avec d'iné-
gales chances, l'action décisive s'engage sur la rive du Nil, en face d'Antinoë,
et cette fois, Horus est vainqueur. Sur le champ de cette bataille s'était
élevée alors la ville de Chemounou, ⸗𓊖⸗ ○ ℗ la ville des huit dieux, distante
d'une demi-lieue à peine de la moderne Rodah; et tout naturellement,
Horus et son cycle de dieux éponymes y avaient été adorés. Thot, dont la
sagesse et l'habileté avaient décidé du sort du combat, était pour cette

raison devenu le protecteur de la région; les principaux temples de la
ville avaient été placés sous son vocable, si bien qu'à l'époque même du
culte d'Amon, la dévotion du fidèle lui donnait encore le pas sur le culte
officiel. Pour toutes ces raisons dogmatiques, Ramsès II se trouvait donc
forcément obligé de se plier aux traditions locales et, parvenu au seuil des
lieux saints, d'oublier ses préférences. L'épopée de son propre dieu se
trouvait d'ailleurs consacrée par ces pieuses légendes; et le triomphe
d'Horus, descendant d'Amon Râ, consacrait la puissance de celui-ci. Horus,
vengeur de son père, l'était du même coup de son aïeul. C'était grâce à
lui qu'il avait vaincu, grâce à lui qu'avaient prévalu les principes de lumière
et de vie; et le cycle divin formant son entourage se trouvait participer à
cette protection. Isis, sa mère; Hathor, son épouse; Horkhouti, son fils;
Iousâas, Thot. Ainsi s'établissait la descendance triomphante d'Amon, et
comme l'Égyptien est avant tout un méticuleux formaliste, il suffisait
qu'Amon fût nommé une seule fois, pour que tout l'hommage rendu à ses
manifestations, si lointaines fussent-elles, pût être rapporté à lui.
Ramsès II, en roi habile, n'avait garde de l'oublier. Il respecta religieusement les rites des temples de Chemounou et se contenta d'y introduire ti-
midement les noms de la triade thébaine. Ainsi en règle avec sa conscience,
et surtout avec les prêtres d'Amon, le reste lui importait peu.

Ce scrupule du grand roi, si intéressant pour l'histoire religieuse, l'est
encore plus en ce qui touche à celle d'Antinoë; et prête un tout nouvel as-
pect à la fondation hadrienne. Car, tandis qu'à Chemounou, Horus et Thot
occupent la principale place, à Antinoë, Hathor, Horkhouti et la déesse
Iousâas arrivent en premier rang. Or, Iousâas, déesse primitive de $\hat{A}n$, —
Héliopolis, — et Hathor portent le titre de régentes d'Héliopolis, ce qui
se lit *Henti-nou-Ân*, [hiéroglyphes], dont le nom d'Antinoë semble n'être
qu'une transcription. Et de suite, une question se pose. L'empereur romain
n'a-t-il adossé sa ville commémorative à la vieille cité ramesside, que pour
trouver dans le panthéon de l'Égypte antique une protectrice à Antinoüs?

Le supposer serait admettre, *a priori*, qu'Antinoüs fut vénéré selon le
rite égyptien. Réservons la question pour l'aborder tout à l'heure, et ad-
mettons un instant qu'il faille la résoudre par l'affirmative. Nous retrouvons
alors sous cette coïncidence de noms l'indice d'une étymologie cherchée,

voulue, un véritable calembour, pareil à ceux dont fourmille l'histoire de l'Égypte au temps des anciens pharaons. Les emblèmes divins d'abord; l'oie, choisie comme symbole d'Amon, uniquement par ce que les deux noms se prononçaient d'une manière identique, bien que l'orthographe fût différente, nombre d'autres figures animales, vénérées au lieu et place des dieux pour les mêmes raisons. Puis, des jeux de mots, mêlés aux inscriptions des plus redoutables sanctuaires. Un exemple entre mille suffira à montrer jusqu'à quel point le goût en était inné chez l'Égyptien.

Dans le temple d'Amon générateur, érigé à Thèbes sous la XVIII⁰ dynastie, les bas-reliefs relatifs à la naissance d'Aménophis III occupent tout le mur est de la chapelle de Maut, épouse d'Amon, pour cette raison que la mère du souverain se nommait *Maut-m-oua*. Mais là ne s'arrêtait pas seulement le rapprochement cherché. Le nom de la reine prêtait à une sorte de charade, dont les artistes, d'accord en cela avec les théologiens, ne se sont pas fait faute. Le pharaon était pour l'Égyptien le fils du soleil, le soleil levant, l'astre jeune, vainqueur comme Horus qui va apparaître et briller à l'horizon. D'autre part, le dogme se représentait le ciel à l'image de la terre. Un fleuve y coulait, sur lequel Amon naviguait, suivi de l'escadre des dieux. Enfin, la traduction du nom de *Maut-m-oua* est mot à mot « la mère en barque ». Du tout, l'on tira le parti suivant. — Dans un grand tableau, la mère royale est figurée assise sur un trône dressé au milieu d'une barque naviguant vers l'orient. Et les textes qui l'accompagnent donnent cette légende : « C'est *Maut-m-oua*, — la mère en barque; — faisant aborder ce dieu beau, — son fils, — à la rive », c'est-à-dire enfantant le fils des dieux[1].

Un exemple aussi typique nous autorise donc amplement à supposer qu'Hadrien ne choisit le voisinage de la ville de Ramsès, dont Iousâas et Hathor *Henti-nou-Ân* étaient les rectrices, qu'afin d'assurer à son favori la protection des divinités d'Héliopolis, sans se soucier un instant de consacrer la place d'où Antinoüs se serait précipité au Nil. Reste à examiner ce qu'était le culte antinoïte; en attendant qu'une indication décisive soit fournie par les fouilles, il est permis, en procédant par induction, d'établir qu'il était égyptien et justifiait le calembour obtenu.

1. Al. Gayet, *Le temple de Louxor* (*Mémoires de la Mission archéologique de France au Caire*).

L'empereur, en tant que souverain d'Égypte, était, de même qu'il en avait été autrefois, le grand pontife de la religion pharaonique : le fils d'Amon, l'élu de Rà. Dans les bas-reliefs des sanctuaires restaurés par lui, on le voit peint sous les traits hiératiques consacrés par l'usage, vêtu du costume et des attributs royaux, accomplissant les cérémonies des rites anciens; et dans les inscriptions courant en marge de ces scènes, les paroles mises dans sa bouche et dans celle des dieux ne diffèrent en rien de celles qu'on retrouve dans les vieux tableaux. Il présente l'encens, le feu, l'eau, les parfums; fait l'offrande aux dieux et déesses qui invariablement l'appelle nt leur fil. C'est là le trait caractéristique de l'indestructibilité de l'Égypte. Vaincue par tous les peuples étrangers, elle a toujours absorbé son vainqueur. Quand l'invasion assyrienne eut fait peser sur elle son lourd joug, les durs souverains des bords de l'Euphrate, les premiers, comprirent qu'ils ne seraient réellement les maîtres du pays qu'en conservant intacts ses croyances et ses usages, en un mot, qu'en recevant la loi de leurs nouveaux sujets. La Perse de Cambyse suivit la même ligne de conduite politique ; et quand la conquête grecque l'eut fait passer sous une domination occidentale, Alexandre, Philippe Arridhée et les Ptolémées en continuèrent la tradition. Reprise par les Romains, elle se perpétua jusqu'à la disparition de la religion antique, si bien que l'on peut, sans exagération, dire que le mythe d'Amon Rà s'imposa à tout le vieux monde, et en prima les cultes locaux.

En Égypte, Hadrien se trouvait donc obligé d'honorer ses morts selon le rite pharaonique. Aussi, lorsque, saint Épiphane s'élève contre les cérémonies du paganisme en usage à Antinoë, dit-il expressément qu'Antinoüs avait sa barque sacrée, promenée solennement à certaines fêtes par un collège de prêtres, usage qui n'appartint en propre qu'aux mystères des dieux égyptiens. Rapprochez de cela ce fait, que le temple de de Ramsès avait pour rectrice *Iousâas Henti nou-Ân*; que la déesse Hathor, souvent invoquée, porte le même titre ; que les autres dieux auxquels le pharaon s'adresse, Toûm, Khépra, sont les dieux primitifs de $\hat{A}n$; qu'enfin, la basilique de Ramsès fut, à l'époque antique, une chapelle funéraire, ainsi qu'en témoignent ses peintures, dont deux, celle du *souten dou hotep* et celle du *nouter-rer-hotep*, l'offrande au mort et le retour à la vie de l'au-delà, se détachent au milieu de scènes funèbres où apparaissent tour à tour les dieux mortuaires, Phtat, Sékhet, Thot, Anhour, Toûm, Khépra, Sokhar-Assar, seigneur du Sarcophage ; Isis et Hathor-Néhmat ; mille probabilités en font le cadre où cette procession se déroulait, le sanctuaire où était célébré l'office funèbre. Qu'à côté de ce sanctuaire, des temples consacrés aux dieux de l'Olympe s'élevassent ; que Grecs et Romains y rendissent hommage à leur façon à Antinoüs, c'est fort possible, probable même, rien ne s'oppose à cela. Le point essentiel n'en reste pas moins établi, le rite officiel était conforme à la tradition du pays.

S'il en fut effectivement ainsi, il s'ensuivrait qu'Antinoüs, enterré selon les préceptes du rite égyptien, aurait, lui aussi, sa tombe creusée aux alentours de sa ville, dans quelque coin perdu de la montagne ; et que son corps, embaumé avec soin, pourrait un jour nous être rendu. Quelle révélation pour le monde savant, que cette réapparition soudaine d'une figure si familière ! Quelle surprise, si elle se trouvait ressembler peu au type consacré par la statuaire grecque, et donner un démenti à l'artiste qui nous légua l'image du bel éphèbe, aux traits efféminés, au front couronné de pampres ! Alexandre avait reçu de pareils honneurs, ainsi Antoine, ainsi Cléopâtre. Pour quelles raisons supposer qu'il n'en fût pas de même d'Antinoüs ? En Égypte, il ne pouvait, ainsi qu'on vient de le voir, être enterré que selon les rites du dogme pharaonique. A supposer que la ville n'ait été qu'un immense cénotaphe, et que ses restes mortels eussent été transportés en Italie, pour y être incinérés selon la mode grecque, le souvenir de cet événement nous eût certainement été conservé par les monuments de la *Villa Hadriana*. Or, nous n'y trouvons rien qui, même de très loin, s'y rapporte ; et les auteurs latins, si prolixes d'habitude, sont complètement muets à ce sujet. Non, tout concorde à le prouver ; le favori de l'empereur a été inhumé en Égypte, et son temple principal n'est autre que le vieux temple de Ramsès II, réparé au dernier jour du paganisme, ainsi qu'en fait foi un lambeau d'inscription, où le nom d'Antinoüs, incomplet, il est vrai, se trouve mentionné ; l'ancienne chapelle funéraire, où le glorieux souverain avait célébré jadis l'office funèbre ; la basilique mortuaire par excellence, que les fouilles du Musée viennent de mettre à jour.

Commencées au printemps dernier, ces fouilles n'ont porté jusqu'ici

TEMPLE DE RAMSÈS II À ANTINOË

Echelle de 0,05 p/m

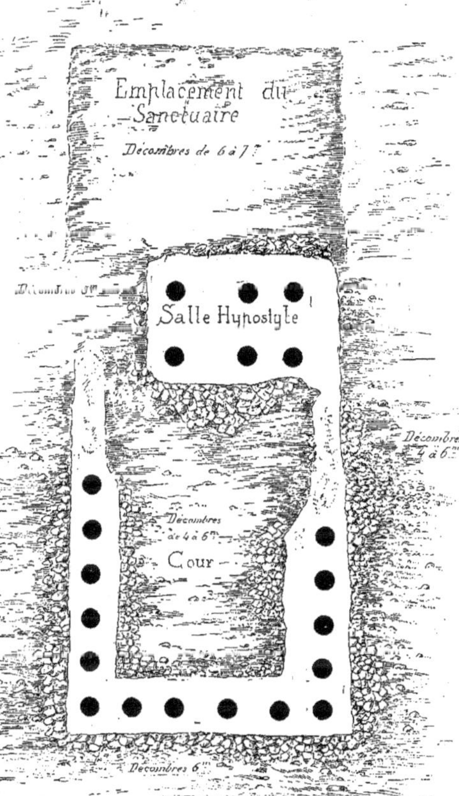

PLAN DU TEMPLE DE RAMSÈS II A ANTINOË

État des travaux de dégagement, avril 1896.

que sur la cour et la nef centrale de la salle hypostyle. Dans la cour, quatorze des colonnes dégagées sont en parfait état de conservation. Six appartiennent au portique antérieur, cinq à celui de gauche, trois à celui de
droite. Les proportions en sont élégantes et élancées, de type purement
lotiforme. Leur plus grande circonférence est de 4^m,15 ; leur hauteur totale,
socle non compris, de 4^m,25. En tant que dispositions architectoniques, il
est bon de noter que l'entrecolonnement du portique central est plus large
que les deux autres, — 4^m,17 au lieu de 3^m,30. — L'ornementation est clas-
sique, et, en masse générale, rappelle de près celle des colonnes de la première cour du temple d'Amon générateur à Louxor. A la base, assise sur un
piédestal, emblème de ceux où repose les piliers qui supportent le plafond
céleste, des feuilles de lotus croissent, et sur le fût, assimilé à la tige de
la plante, une large composition, partagée le plus souvent en trois tableaux,
s'enroule, soulignée d'une bande d'inscription.

Or, la suite des scènes ainsi retracées nous permet de reconstituer d'une
façon certaine les mystères célébrés jadis à cette place, pour cette raison
que les peintures égyptiennes n'étaient point de simples images décoratives,
mais constituaient autant de tableaux magiques, qui, par la vertu de la
prière et l'intervention de la toute-puissance divine, s'animaient chaque
jour, et devenaient pour un instant réels. Que le souverain soit représenté
accomplissant telle ou telle cérémonie, en présence de telle ou telle divinité, et à l'heure voulue, c'était vraiment le pharaon qui, dans la demeure
céleste, se trouvait en présence d'un dieu animé d'une vie égale à la sienne,
qui recevait son hommage, lui parlait, lui conférait telle ou telle attri-
bution, l'introduisait dans le cycle divin, lui transmettait sa puissance, lui
déléguait son pouvoir. Le système religieux adopté par l'Égypte, ce système de renouvellements quotidiens, où tout meurt chaque soir pour
renaître à chaque aurore ; cette assimilation de la vie de l'univers à celle
du soleil, avait amené théologiens et artistes à fixer en une formule absolue
l'essence de toutes leurs croyances ; si bien, qu'en se rénovant chaque
jour, le dieu rénovait du même coup les images où son mythe se trouvait
condensé. De plus enfin, dans la cosmogonie née de ce système, l'univers
est gouverné par des lois panthéistes, que plus tard nous retrouvons dans
la théorie pythagoricienne. Le dieu primordial, Amon, caché dans le disque

3

de Râ, qui lui sert d'habitacle, répand l'existence dans le monde. Une chaîne sans fin relie la terre à ce foyer. Les atomes de la vie universelle se rendent de celui-ci sur celle-là en suivant la chaîne descendante, animent l'être, homme, animal ou végétal; puis, à la mort de cet être, remontent désincarnés mais toujours vivants au ciel, d'où le dieu les renverra en des corps nouveaux. Maints tableaux des sanctuaires thébains ont précisé le détail de ce mouvement panthéiste. Le roi, fils du dieu, intermédiaire direct entre son père et l'homme, est le ministre aux mains duquel en est remise la direction. Au seuil du sanctuaire, il est accueilli par les dieux, qui lui donnent l'investiture, et qui, par des passes magiques, lui délèguent leurs pouvoirs et leur puissance. Puis, les atomes émanés des existences dissoutes s'amassent devant lui, sur des autels, sous forme d'offrandes; et par de nouvelles passes magiques, il les élève vers le ciel, à la demeure d'Amon. Dans cette demeure, dont chacune des salles des chambres du mystère représente un canton, c'est lui encore qui les revivifie, en vertu de ces pouvoirs qui lui ont été transmis. Et quand ces principes revivifiés redescendent vers la terre, leur chaîne repasse par ses mains avant de toucher le sol, sur lequel il a charge de les distribuer, en qualité de dieu stabiliteur.

A Antinoë, l'ensemble de ces cérémonies accomplies par Ramsès au seuil du sanctuaire, alors qu'il traverse le monde des vivants, avant de pénétrer au mystère du ciel, appartient au mythe funéraire. A chaque tableau, il procède en présence des dieux des morts aux divers exercices du rituel, et ces dieux lui confèrent leurs pouvoirs. Il offre l'encens et les lotus symboles des éléments de vie à Thot, le greffier du tribunal osirien qui lui dit : « Je t'investis de ma puissance; je te donne la durée à jamais. » Il verse l'eau sur l'autel d'Anhour, et le dieu de Thîni lui dit : « Je te donne toute puissance, en qualité de dieu Anhour. » Il présente la double flamme de la vie, — vie de l'être réel et vie du double, — à Hathor; le blé, à Khnoum, le dieu des formes, et le dieu et la déesse lui délèguent aussi leur personnalité. Il poursuit sa marche, est affermi en qualité de dieu Cheps, lave la face de Sokhar-Assar, *seigneur du Sarcophage*; présente les bandelettes à Isis, la grande ensevelisseuse, et le dieu lui accorde sa puissance, et la déesse lui confère la royauté d'Horus, son fils. Il arrive en présence de Toûm, le soleil mort, puis d'Horkhouti, l'astre sur l'horizon,

le soleil ressuscité; et le seigneur de Ân lui dit : « Je te donne d'opérer les
renouvellements infinis à jamais », et le dieu du levant lui offre « toutes
les terres comme propriété, pareil au soleil. » Il touche de sa baguette magique les offrandes posées sur l'autel de Sékhet Hétemit, Sékhet la des-
tructrice, gardienne des fournaises infernales; et la déesse à tête de
lionne lui donne « toutes les terres sous sa domination ». Il est en ado-
ration devant Khépra, le dieu multiplicateur des formes, qui lui fait res-
pirer la vie, puis Horus lui dit à son tour : « Tu es affermi sur mon trône »;
et Néhmat tend vers lui le fermoir de son collier magique et ajoute : « A toi
les renouvellements de Toûm en qualité de soleil. » Et le pharaon va, et
les cérémonies magiques de se dérouler dans leur ordre naturel. Il est de
nouveau en présence de ces mêmes divinités; consacre le blé, le vin, les
pousses de palmier, en un mot, toutes les essences présentées à l'office
funèbre; et de même, les dieux lui répondent en lui accordant les privi-
lèges des dieux des morts. Au milieu de ces tableaux, deux surtout ont une
signification qui ne saurait laisser place à aucun doute : ceux du *souten-
dou-hotep* et du *nouter-rer-hotep*; le royal don d'offrande et le divin
retour *hotep*. Tous deux appartiennent au cycle des croyances relatives à
la vie du *double* et de la circulation des principes de vie, maintenant l'é-
quilibre de l'existence ici-bas. Dans les tombes, l'offrande destinée à assurer l'existence de l'être psychique ne peut passer à celui-ci que par
l'intermédiaire du pharaon. *Souten dou hotep n assar nouter da neb abdou
dou-f perkherou n kha n*, etc. « Royal don d'offrande à Osiris, le dieu grand,
seigneur d'Abydos, pour qu'il donne les provisions funèbres au double
de etc. », disent invariablement les textes des stèles élevées à l'entrée des
chapelles mortuaires; si bien, que le passant récitant la prière à l'intention
du mort, demande au souverain d'être l'exécuteur du vœu qu'il forme
pour lui.

Pareillement, le *nouter-rer-hotep*, le royal retour *hotep*, le retour à la seconde vie, la naissance à cet état bienheureux, si spécial, que caractérise
le mot *hotep*, qu'aucune traduction ne saurait rendre, s'opère encore,
grâce au roi, de même que le retour des atomes de la vie universelle,
qu'il répond aux quatre points cardinaux. Le royal don d'offrande, en
assurant la vie du double, lui assure du même coup cette particulière

quiétude ; il renaît, au fond de la syringe, à la vie de l'au-delà, pareil à l'Osiris de l'orient.

A la scène du *souten-dou-hotep*, Ramsès II est debout, en présence du tabernacle enfermant l'image de Phtah, au devant duquel se dresse la table chargée d'offrandes ; et les textes expliquent ainsi la scène :

« C'est le maître de la double terre, Ousor-ma-Râ-sotep-n-Râ, le seigneur des *levers*, Ramsès-mer-Amen, faisant le *souten-dou-hotep* » ; et au-dessus du naos, une autre inscription ajoute : « Phtath hotepou, seigneur du repos. » Cette scène capitale occupe le côté gauche du temple, côté de l'ouest où le soleil va mourir, pour s'enfoncer dans les ténèbres de l'*Amenti*. A droite, côté de l'orient, où Horkhouti, le soleil levant, va apparaître à l'horizon pour renaître à une autre aurore, le roi, tenant en mains la baguette et le sceptre magiques, est debout devant un autre autel chargé d'offrandes, dressé devant la déesse Hathor. « C'est le maître de la double terre, Ousor-ma-Râ-sotep-n-Râ, le seigneur des *levers*, Ramsès-mer-Amen, accomplissant le *nouter-rer-hotep*, c'est-à-dire, présidant à la résurrection de la vie à son second état. Et Hathor, la régente du royaume des doubles, rend pour lui ce décret en son temple de Chemounou : « Je te donne les royautés de Toûm, et de t'asseoir sur le trône d'Horus ».

Telles sont, dans leur ensemble, les peintures décorant la cour de Ramsès II. A l'hypostyle, le roi offre de la main droite l'encens à Amon, suivi de Maut ; mais encore à cette scène, Amon n'est-il cité qu'à titre de dieu du pharaon. Les légendes du tableau l'indiquent d'une manière explicite. Devant Ramsès on lit : « Le dieu bon, le maître de la double terre, Ousor-ma-Râ-sotep-n-Râ, le seigneur des *levers*, Ramsès-mer-Amen, frappant quatre fois, il donna la vie, comme Râ. » Et de la main gauche, le souverain brandit son sceptre magique dans la direction des quatre points cardinaux. Suit le discours d'Amon : « Dit Amon Râ, dans le palais divin de Ramsès mer-Amen, le temple d'Amon — c'est-à-dire le temple bâti par Ramsès II à Thèbes ; — Je te donne la vie, la stabilité et la puissance auprès moi. » Ainsi, ce décret rendu en faveur du souverain, l'a été dans le sanctuaire de Thèbes et non à Chemounou. Au tableau suivant, le roi, coiffé du disque entre les cornes annonçant l'ouverture de la lumière et sur-

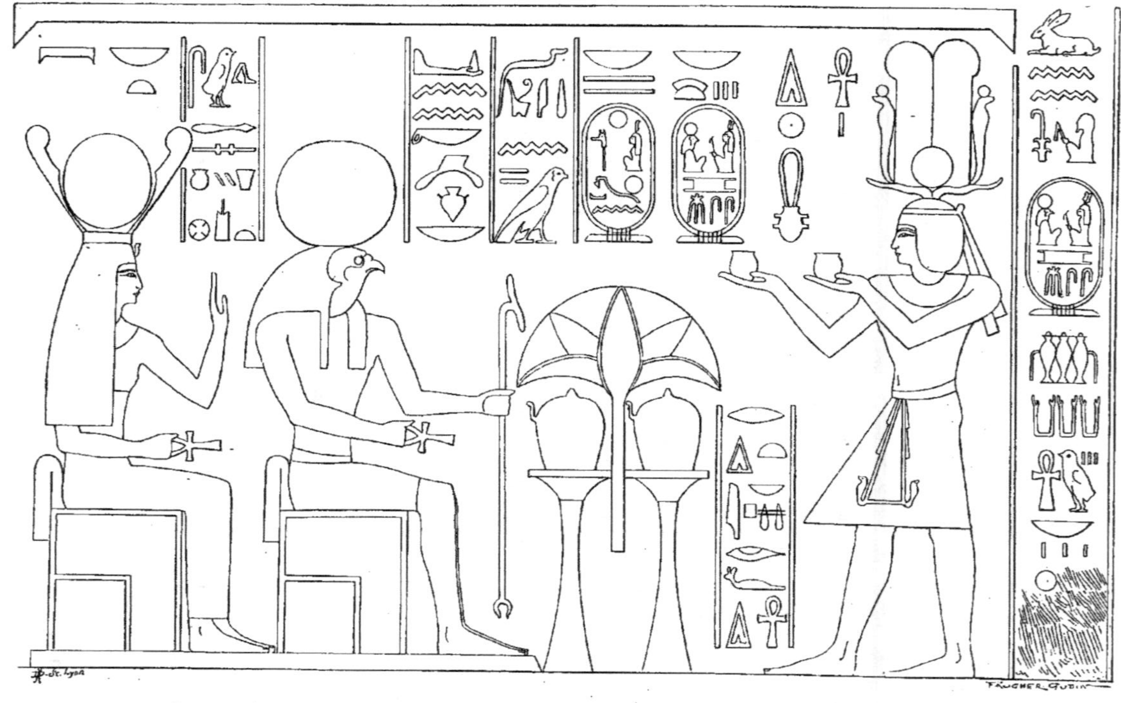

RAMSÈS II PRÉSENTANT LE VIN A HORKHOUTI ET A LA DÉESSE IOUSÂAS *HENTI-NOU-ÂN*

monté des flammes et des uræus, présente le vin à Horkhouti et à la déesse
Iousâas. Voici les textes donnés par les légendes.

Devant le roi : « Le maître de la double terre, Ousor-ma-Râ-sotep-n-Râ,
le seigneur des *levers*, Ramsès-mer-Amen, donnant la vie, comme Râ.
Faisant l'offrande de vin, il fait le don de la vie. »

Devant Harkhouti : « Dit Horkhouti : Je te donne toute dilatation de
cœur. »

Devant la déesse : « Iousâas *Henti-nou-Ân*; — c'est-à-dire régente
d'Héliopolis — dame du ciel. »

Deux faits se dégagent de cet ensemble de tableaux. Le temple élevé
par Ramsès II au cœur de la ville ancêtre d'Antinoë n'était autre qu'une
basilique funéraire; et dans cette basilique, Amon ne paraissait qu'une
seule fois; fait d'autant plus extraordinaire, qu'à Thèbes et qu'à Abydos
c'est lui qu'on retrouve partout et toujours.

Par contre, les dieux du nord réapparaissent. Toûm, Hathor, Iousâas
sont qualifiés de seigneur et de régentes de *Ân*; et ce qualificatif prend
avec ces dernières la tournure *Henti-nou-Ân* indiquée plus haut.

Il n'y a donc pas à en douter; ce fait de la présence d'un temple antique, où se trouvent les divinités d'Héliopolis, respectées en raison de con-
sidérations dogmatiques que l'on sait, dans l'enceinte de la ville commémorative d'Hadrien, ne saurait être un pur hasard, et montre au contraire
une intention évidente; et quelle serait-elle, sinon ce désir de retrouver
en les dieux et déesses de *Ân* les protecteurs attitrés d'Antinoüs? On ne
saurait trop le répéter : ce temple de Ramsès II est l'unique exemple d'un
sanctuaire consacré au culte des divinités du Delta, à l'époque de la toute
puissance thébaine. Le seul, où ce soit de Toûm, de Phtah, de Sékhet,
d'Hathor-Néhmat, de Thot-Sheps et d'Iousâas que Ramsès reçoive l'ins-
vestiture divine, et la délégation des pouvoirs stabiliteurs et rénovateurs;
le seul, où les tableaux du *souten-dou-hotep* et du *nouter-rer-hotep* se détachent au milieu des cérémonies du culte des morts, que souligne encore la
présence des figures de Phtah, de Sékhet, de Sokhar Aosor, seigneur du
Sarcophage, d'Isis, d'Horus, d'Anhour et de Khépra. Au haut de ces tableaux, c'est toujours le disque, habitant de *Houd*, le soleil de la région
mystérieuse, qui éclaire la scène, alors que dans les temples où les dieux

de lumière tels qu'Horus et Horkhouti conservent leur rôle de dieux des
vivants, c'est Nekheb qui plane derrière la tête du pharaon, mettant
l'influence derrière lui. Enfin il n'est pas jusqu'aux accessoires qui ne
trahissent, eux aussi, cette destination funèbre. Les autels ont la forme
de ceux que dans les chapelles des hypogées on retrouve à l'heure où
l'office des morts est célébré; et les offrandes sont celles que l'on voit
figurées sur les tables servant au banquet du double, avec le souhait *tep-
hotep* « qu'il goûte en paix », souhait qui figure ici sur l'un des tableaux.

A l'heure actuelle, les fouilles n'ont encore porté que sur les portiques
de la cour et la nef centrale de la salle hypostyle, et cette partie du monument, malgré ses dimensions, n'est cependant qu'un vestibule, la partie
extérieure du temple, représentant le monde des vivants. L'hypostyle fran-
chi, l'on pénètre à la demeure des dieux, le sanctuaire, précédé de l'offer-
toire et entouré des chambres du mystère. Toute cette partie de la basilique
de Ramsès gît encore sous les décombres; mais ce simple exposé suffit à
montrer quel intérêt s'attache à son exploration. C'est là qu'on doit retrouver les représentations et les inscriptions principales, celles qui nous
fixeront d'une façon définitive sur le sens réel du rite antinoïte; et nous
permettront de contrôler d'une manière irréfutable les assertions des auteurs anciens.